Goal Setter

HOME

FINANCE

HEALTH

RELATIONSHIPS

FITNESS

STUDY

Expense Tracker

DATES:

ITEM	BUDGET	ACTUAL
FOOD		
HOUSING		
HEALTH		
INSURANCE		
GOING OUT		
EATING OUT		
CLOTHING		
TRAVEL		
LEISURE		
SELF-CARE		
EDUCATION		
TRAINING		
TRANSPORT		
PHONE BILL		
UNFORSEEABLE		
CULTURE		
OTHER		
TOTAL		

Bill Tracker

ITEM	JAN	FEB	MAR	APR	MAY	JUN	JUL	AUG	SEP	OCT	NOV	DEC
MORTGAGE												
CAR												
HEALTH												
INSURANCE												
GAS												
WATER												
GAS												
PHONE BILL												
TOTAL												

Income Tracker

SOURCE	AMOUNT	DATE	DESCRIPTION
WORK			
SIDE HUSTLE			
INVESTMENTS			
RENTAL			
TOTAL			

Monthly Goals

MONTH:

PRIMARY GOALS

SECONDARY GOALS

MONTHLY NOTES

Monthly Planner

MONTH:

Weekly Goals

DATES:

GOALS & OUTCOMES

STEPS TO TAKE

TO-DO LIST

- [ ]
- [ ]
- [ ]
- [ ]
- [ ]
- [ ]
- [ ]
- [ ]
- [ ]
- [ ]

WEEKLY NOTES

Weekly Planner

MONTH: WEEK:

MONDAY

TUESDAY

WEDNESDAY

THURSDAY

FRIDAY

SATURDAY & SUNDAY

OTHER NOTES

Weekly Planner

MONTH:　　　　　WEEK:

MONDAY

TUESDAY

WEDNESDAY

THURSDAY

FRIDAY

SATURDAY & SUNDAY

OTHER NOTES

Weekly Planner

MONTH: **WEEK:**

MONDAY

TUESDAY

WEDNESDAY

THURSDAY

FRIDAY

SATURDAY & SUNDAY

OTHER NOTES

Weekly Planner

MONTH: WEEK:

MONDAY

TUESDAY

WEDNESDAY

THURSDAY

FRIDAY

SATURDAY & SUNDAY

OTHER NOTES

Weekly Planner

MONTH: WEEK:

MONDAY

TUESDAY

WEDNESDAY

THURSDAY

FRIDAY

SATURDAY & SUNDAY

OTHER NOTES

Daily Schedule

DAY + DATE: MONDAY

TO-DO LIST

01
02
03
04
05
06
07
08
09
10

SCHEDULE

07:00
08:00
09:00
10:00
11:00
12:00
13:00
14:00
15:00
16:00
17:00
18:00
19:00
20:00
21:00
22:00
23:00

OTHER NOTES

Daily Schedule

DAY + DATE: MONDAY

TO-DO LIST

01
02
03
04
05
06
07
08
09
10

SCHEDULE

07:00
08:00
09:00
10:00
11:00
12:00
13:00
14:00
15:00
16:00
17:00
18:00
19:00
20:00
21:00
22:00
23:00

OTHER NOTES

Daily Schedule

DAY + DATE: MONDAY

TO-DO LIST

01.
02.
03.
04.
05.
06.
07.
08.
09.
10.

SCHEDULE

07:00
08:00
09:00
10:00
11:00
12:00
13:00
14:00
15:00
16:00
17:00
18:00
19:00
20:00
21:00
22:00
23:00

OTHER NOTES

Daily Schedule

DAY + DATE: MONDAY

TO-DO LIST

01
02
03
04
05
06
07
08
09
10

SCHEDULE

07:00
08:00
09:00
10:00
11:00
12:00
13:00
14:00
15:00
16:00
17:00
18:00
19:00
20:00
21:00
22:00
23:00

OTHER NOTES

Daily Schedule

DAY + DATE: MONDAY

TO-DO LIST

01.
02.
03.
04.
05.
06.
07.
08.
09.
10.

SCHEDULE

07:00
08:00
09:00
10:00
11:00
12:00
13:00
14:00
15:00
16:00
17:00
18:00
19:00
20:00
21:00
22:00
23:00

OTHER NOTES

Daily Schedule

DAY + DATE: MONDAY

TO-DO LIST

01
02
03
04
05
06
07
08
09
10

SCHEDULE

07:00
08:00
09:00
10:00
11:00
12:00
13:00
14:00
15:00
16:00
17:00
18:00
19:00
20:00
21:00
22:00
23:00

OTHER NOTES

Daily Schedule

DAY + DATE: MONDAY

TO-DO LIST

01
02
03
04
05
06
07
08
09
10

SCHEDULE

07:00
08:00
09:00
10:00
11:00
12:00
13:00
14:00
15:00
16:00
17:00
18:00
19:00
20:00
21:00
22:00
23:00

OTHER NOTES

Daily Schedule

DAY + DATE: MONDAY

TO-DO LIST

01
02
03
04
05
06
07
08
09
10

SCHEDULE

07:00
08:00
09:00
10:00
11:00
12:00
13:00
14:00
15:00
16:00
17:00
18:00
19:00
20:00
21:00
22:00
23:00

OTHER NOTES

Daily Schedule

DAY + DATE: MONDAY

TO-DO LIST

01
02
03
04
05
06
07
08
09
10

SCHEDULE

07:00
08:00
09:00
10:00
11:00
12:00
13:00
14:00
15:00
16:00
17:00
18:00
19:00
20:00
21:00
22:00
23:00

OTHER NOTES

Daily Schedule

DAY + DATE: MONDAY

TO-DO LIST

01
02
03
04
05
06
07
08
09
10

SCHEDULE

07:00
08:00
09:00
10:00
11:00
12:00
13:00
14:00
15:00
16:00
17:00
18:00
19:00
20:00
21:00
22:00
23:00

OTHER NOTES

Daily Schedule

DAY + DATE: MONDAY

TO-DO LIST

01
02
03
04
05
06
07
08
09
10

SCHEDULE

07:00
08:00
09:00
10:00
11:00
12:00
13:00
14:00
15:00
16:00
17:00
18:00
19:00
20:00
21:00
22:00
23:00

OTHER NOTES

Daily Schedule

DAY + DATE: MONDAY

TO-DO LIST

01
02
03
04
05
06
07
08
09
10

SCHEDULE

07:00
08:00
09:00
10:00
11:00
12:00
13:00
14:00
15:00
16:00
17:00
18:00
19:00
20:00
21:00
22:00
23:00

OTHER NOTES

Daily Schedule

DAY + DATE: MONDAY

TO-DO LIST

01
02
03
04
05
06
07
08
09
10

SCHEDULE

07:00
08:00
09:00
10:00
11:00
12:00
13:00
14:00
15:00
16:00
17:00
18:00
19:00
20:00
21:00
22:00
23:00

OTHER NOTES

Daily Schedule

DAY + DATE: MONDAY

TO-DO LIST

01
02
03
04
05
06
07
08
09
10

SCHEDULE

07:00
08:00
09:00
10:00
11:00
12:00
13:00
14:00
15:00
16:00
17:00
18:00
19:00
20:00
21:00
22:00
23:00

OTHER NOTES

Daily Schedule

DAY + DATE: MONDAY

TO-DO LIST

01
02
03
04
05
06
07
08
09
10

SCHEDULE

07:00
08:00
09:00
10:00
11:00
12:00
13:00
14:00
15:00
16:00
17:00
18:00
19:00
20:00
21:00
22:00
23:00

OTHER NOTES

Daily Schedule

DAY + DATE: MONDAY

TO-DO LIST

01
02
03
04
05
06
07
08
09
10

SCHEDULE

07:00
08:00
09:00
10:00
11:00
12:00
13:00
14:00
15:00
16:00
17:00
18:00
19:00
20:00
21:00
22:00
23:00

OTHER NOTES

Daily Schedule

DAY + DATE: MONDAY

TO-DO LIST

01
02
03
04
05
06
07
08
09
10

SCHEDULE

07:00
08:00
09:00
10:00
11:00
12:00
13:00
14:00
15:00
16:00
17:00
18:00
19:00
20:00
21:00
22:00
23:00

OTHER NOTES

Daily Schedule

DAY + DATE: MONDAY

TO-DO LIST

01
02
03
04
05
06
07
08
09
10

SCHEDULE

07:00
08:00
09:00
10:00
11:00
12:00
13:00
14:00
15:00
16:00
17:00
18:00
19:00
20:00
21:00
22:00
23:00

OTHER NOTES

Daily Schedule

DAY + DATE: MONDAY

TO-DO LIST

01
02
03
04
05
06
07
08
09
10

SCHEDULE

07:00
08:00
09:00
10:00
11:00
12:00
13:00
14:00
15:00
16:00
17:00
18:00
19:00
20:00
21:00
22:00
23:00

OTHER NOTES

Daily Schedule

DAY + DATE: MONDAY

TO-DO LIST

01
02
03
04
05
06
07
08
09
10

SCHEDULE

07:00
08:00
09:00
10:00
11:00
12:00
13:00
14:00
15:00
16:00
17:00
18:00
19:00
20:00
21:00
22:00
23:00

OTHER NOTES

Daily Schedule

DAY + DATE: MONDAY

TO-DO LIST

01
02
03
04
05
06
07
08
09
10

SCHEDULE

07:00
08:00
09:00
10:00
11:00
12:00
13:00
14:00
15:00
16:00
17:00
18:00
19:00
20:00
21:00
22:00
23:00

OTHER NOTES

Daily Schedule

DAY + DATE: MONDAY

TO-DO LIST

01
02
03
04
05
06
07
08
09
10

SCHEDULE

07:00
08:00
09:00
10:00
11:00
12:00
13:00
14:00
15:00
16:00
17:00
18:00
19:00
20:00
21:00
22:00
23:00

OTHER NOTES

Daily Schedule

DAY + DATE: MONDAY

TO-DO LIST

01
02
03
04
05
06
07
08
09
10

SCHEDULE

07:00
08:00
09:00
10:00
11:00
12:00
13:00
14:00
15:00
16:00
17:00
18:00
19:00
20:00
21:00
22:00
23:00

OTHER NOTES

Daily Schedule

DAY + DATE: MONDAY

TO-DO LIST

01
02
03
04
05
06
07
08
09
10

SCHEDULE

07:00
08:00
09:00
10:00
11:00
12:00
13:00
14:00
15:00
16:00
17:00
18:00
19:00
20:00
21:00
22:00
23:00

OTHER NOTES

Daily Schedule

DAY + DATE: MONDAY

TO-DO LIST

01.
02.
03.
04.
05.
06.
07.
08.
09.
10.

SCHEDULE

07:00
08:00
09:00
10:00
11:00
12:00
13:00
14:00
15:00
16:00
17:00
18:00
19:00
20:00
21:00
22:00
23:00

OTHER NOTES

Daily Schedule

DAY + DATE: MONDAY

TO-DO LIST

- 01
- 02
- 03
- 04
- 05
- 06
- 07
- 08
- 09
- 10

SCHEDULE

- 07:00
- 08:00
- 09:00
- 10:00
- 11:00
- 12:00
- 13:00
- 14:00
- 15:00
- 16:00
- 17:00
- 18:00
- 19:00
- 20:00
- 21:00
- 22:00
- 23:00

OTHER NOTES

Daily Schedule

DAY + DATE: MONDAY

TO-DO LIST

01
02
03
04
05
06
07
08
09
10

SCHEDULE

07:00
08:00
09:00
10:00
11:00
12:00
13:00
14:00
15:00
16:00
17:00
18:00
19:00
20:00
21:00
22:00
23:00

OTHER NOTES

Daily Schedule

DAY + DATE: MONDAY

TO-DO LIST

01
02
03
04
05
06
07
08
09
10

SCHEDULE

07:00
08:00
09:00
10:00
11:00
12:00
13:00
14:00
15:00
16:00
17:00
18:00
19:00
20:00
21:00
22:00
23:00

OTHER NOTES

Daily Schedule

DAY + DATE: MONDAY

TO-DO LIST

01
02
03
04
05
06
07
08
09
10

SCHEDULE

07:00
08:00
09:00
10:00
11:00
12:00
13:00
14:00
15:00
16:00
17:00
18:00
19:00
20:00
21:00
22:00
23:00

OTHER NOTES

Daily Schedule

DAY + DATE: MONDAY

TO-DO LIST

01
02
03
04
05
06
07
08
09
10

SCHEDULE

07:00
08:00
09:00
10:00
11:00
12:00
13:00
14:00
15:00
16:00
17:00
18:00
19:00
20:00
21:00
22:00
23:00

OTHER NOTES

Daily Schedule

DAY + DATE: MONDAY

TO-DO LIST

01
02
03
04
05
06
07
08
09
10

SCHEDULE

07:00
08:00
09:00
10:00
11:00
12:00
13:00
14:00
15:00
16:00
17:00
18:00
19:00
20:00
21:00
22:00
23:00

OTHER NOTES

Notes

Goal Setter

HOME	FINANCE

HEALTH	RELATIONSHIPS

FITNESS	STUDY

Expense Tracker

DATES:

ITEM	BUDGET	ACTUAL
FOOD		
HOUSING		
HEALTH		
INSURANCE		
GOING OUT		
EATING OUT		
CLOTHING		
TRAVEL		
LEISURE		
SELF-CARE		
EDUCATION		
TRAINING		
TRANSPORT		
PHONE BILL		
UNFORSEEABLE		
CULTURE		
OTHER		
TOTAL		

Bill Tracker

ITEM	JAN	FEB	MAR	APR	MAY	JUN	JUL	AUG	SEP	OCT	NOV	DEC
MORTGAGE												
CAR												
HEALTH												
INSURANCE												
GAS												
WATER												
GAS												
PHONE BILL												
TOTAL												

Income Tracker

SOURCE	AMOUNT	DATE	DESCRIPTION
WORK			
SIDE HUSTLE			
INVESTMENTS			
RENTAL			
TOTAL			

Monthly Goals

MONTH:

PRIMARY GOALS

SECONDARY GOALS

MONTHLY NOTES

Monthly Planner

MONTH:

Weekly Goals

DATES:

GOALS & OUTCOMES

STEPS TO TAKE

TO-DO LIST

- [ ]
- [ ]
- [ ]
- [ ]
- [ ]

- [ ]
- [ ]
- [ ]
- [ ]
- [ ]

WEEKLY NOTES

Weekly Planner

MONTH: **WEEK:**

MONDAY

TUESDAY

WEDNESDAY

THURSDAY

FRIDAY

SATURDAY & SUNDAY

OTHER NOTES

Weekly Planner

MONTH: WEEK:

MONDAY

TUESDAY

WEDNESDAY

THURSDAY

FRIDAY

SATURDAY & SUNDAY

OTHER NOTES

Weekly Planner

MONTH: WEEK:

MONDAY

TUESDAY

WEDNESDAY

THURSDAY

FRIDAY

SATURDAY & SUNDAY

OTHER NOTES

Weekly Planner

MONTH: WEEK:

MONDAY

TUESDAY

WEDNESDAY

THURSDAY

FRIDAY

SATURDAY & SUNDAY

OTHER NOTES

Weekly Planner

MONTH: **WEEK:**

MONDAY

TUESDAY

WEDNESDAY

THURSDAY

FRIDAY

SATURDAY & SUNDAY

OTHER NOTES

Daily Schedule

DAY + DATE: MONDAY

TO-DO LIST

01
02
03
04
05
06
07
08
09
10

SCHEDULE

07:00
08:00
09:00
10:00
11:00
12:00
13:00
14:00
15:00
16:00
17:00
18:00
19:00
20:00
21:00
22:00
23:00

OTHER NOTES

Daily Schedule

DAY + DATE: MONDAY

TO-DO LIST

01
02
03
04
05
06
07
08
09
10

SCHEDULE

07:00
08:00
09:00
10:00
11:00
12:00
13:00
14:00
15:00
16:00
17:00
18:00
19:00
20:00
21:00
22:00
23:00

OTHER NOTES

Daily Schedule

DAY + DATE: MONDAY

TO-DO LIST

01
02
03
04
05
06
07
08
09
10

SCHEDULE

07:00
08:00
09:00
10:00
11:00
12:00
13:00
14:00
15:00
16:00
17:00
18:00
19:00
20:00
21:00
22:00
23:00

OTHER NOTES

Daily Schedule

DAY + DATE: MONDAY

TO-DO LIST

01
02
03
04
05
06
07
08
09
10

SCHEDULE

07:00
08:00
09:00
10:00
11:00
12:00
13:00
14:00
15:00
16:00
17:00
18:00
19:00
20:00
21:00
22:00
23:00

OTHER NOTES

Daily Schedule

DAY + DATE: MONDAY

TO-DO LIST

01.
02.
03.
04.
05.
06.
07.
08.
09.
10.

SCHEDULE

07:00
08:00
09:00
10:00
11:00
12:00
13:00
14:00
15:00
16:00
17:00
18:00
19:00
20:00
21:00
22:00
23:00

OTHER NOTES

Daily Schedule

DAY + DATE: MONDAY

TO-DO LIST

01
02
03
04
05
06
07
08
09
10

SCHEDULE

07:00
08:00
09:00
10:00
11:00
12:00
13:00
14:00
15:00
16:00
17:00
18:00
19:00
20:00
21:00
22:00
23:00

OTHER NOTES

Daily Schedule

DAY + DATE: MONDAY

TO-DO LIST

01
02
03
04
05
06
07
08
09
10

SCHEDULE

07:00
08:00
09:00
10:00
11:00
12:00
13:00
14:00
15:00
16:00
17:00
18:00
19:00
20:00
21:00
22:00
23:00

OTHER NOTES

Daily Schedule

DAY + DATE: MONDAY

TO-DO LIST

01
02
03
04
05
06
07
08
09
10

SCHEDULE

07:00
08:00
09:00
10:00
11:00
12:00
13:00
14:00
15:00
16:00
17:00
18:00
19:00
20:00
21:00
22:00
23:00

OTHER NOTES

Daily Schedule

DAY + DATE: MONDAY

TO-DO LIST

01
02
03
04
05
06
07
08
09
10

SCHEDULE

07:00
08:00
09:00
10:00
11:00
12:00
13:00
14:00
15:00
16:00
17:00
18:00
19:00
20:00
21:00
22:00
23:00

OTHER NOTES

Daily Schedule

DAY + DATE: MONDAY

TO-DO LIST

01
02
03
04
05
06
07
08
09
10

SCHEDULE

07:00
08:00
09:00
10:00
11:00
12:00
13:00
14:00
15:00
16:00
17:00
18:00
19:00
20:00
21:00
22:00
23:00

OTHER NOTES

Daily Schedule

DAY + DATE: MONDAY

TO-DO LIST

01
02
03
04
05
06
07
08
09
10

SCHEDULE

07:00
08:00
09:00
10:00
11:00
12:00
13:00
14:00
15:00
16:00
17:00
18:00
19:00
20:00
21:00
22:00
23:00

OTHER NOTES

Daily Schedule

DAY + DATE: MONDAY

TO-DO LIST

01
02
03
04
05
06
07
08
09
10

SCHEDULE

07:00
08:00
09:00
10:00
11:00
12:00
13:00
14:00
15:00
16:00
17:00
18:00
19:00
20:00
21:00
22:00
23:00

OTHER NOTES

Daily Schedule

DAY + DATE: MONDAY

TO-DO LIST

01
02
03
04
05
06
07
08
09
10

SCHEDULE

07:00
08:00
09:00
10:00
11:00
12:00
13:00
14:00
15:00
16:00
17:00
18:00
19:00
20:00
21:00
22:00
23:00

OTHER NOTES

Daily Schedule

DAY + DATE: MONDAY

TO-DO LIST

01
02
03
04
05
06
07
08
09
10

SCHEDULE

07:00
08:00
09:00
10:00
11:00
12:00
13:00
14:00
15:00
16:00
17:00
18:00
19:00
20:00
21:00
22:00
23:00

OTHER NOTES

Daily Schedule

DAY + DATE: MONDAY

TO-DO LIST

01
02
03
04
05
06
07
08
09
10

SCHEDULE

07:00
08:00
09:00
10:00
11:00
12:00
13:00
14:00
15:00
16:00
17:00
18:00
19:00
20:00
21:00
22:00
23:00

OTHER NOTES

Daily Schedule

DAY + DATE: MONDAY

TO-DO LIST

01
02
03
04
05
06
07
08
09
10

SCHEDULE

07:00
08:00
09:00
10:00
11:00
12:00
13:00
14:00
15:00
16:00
17:00
18:00
19:00
20:00
21:00
22:00
23:00

OTHER NOTES

Daily Schedule

DAY + DATE: MONDAY

TO-DO LIST

01
02
03
04
05
06
07
08
09
10

SCHEDULE

07:00
08:00
09:00
10:00
11:00
12:00
13:00
14:00
15:00
16:00
17:00
18:00
19:00
20:00
21:00
22:00
23:00

OTHER NOTES

Daily Schedule

DAY + DATE: MONDAY

TO-DO LIST

01
02
03
04
05
06
07
08
09
10

SCHEDULE

07:00
08:00
09:00
10:00
11:00
12:00
13:00
14:00
15:00
16:00
17:00
18:00
19:00
20:00
21:00
22:00
23:00

OTHER NOTES

Daily Schedule

DAY + DATE: MONDAY

TO-DO LIST

01.
02.
03.
04.
05.
06.
07.
08.
09.
10.

SCHEDULE

07:00
08:00
09:00
10:00
11:00
12:00
13:00
14:00
15:00
16:00
17:00
18:00
19:00
20:00
21:00
22:00
23:00

OTHER NOTES

Daily Schedule

DAY + DATE: MONDAY

TO-DO LIST

01
02
03
04
05
06
07
08
09
10

SCHEDULE

07:00
08:00
09:00
10:00
11:00
12:00
13:00
14:00
15:00
16:00
17:00
18:00
19:00
20:00
21:00
22:00
23:00

OTHER NOTES

Daily Schedule

DAY + DATE: MONDAY

TO-DO LIST

01.
02.
03.
04.
05.
06.
07.
08.
09.
10.

SCHEDULE

07:00
08:00
09:00
10:00
11:00
12:00
13:00
14:00
15:00
16:00
17:00
18:00
19:00
20:00
21:00
22:00
23:00

OTHER NOTES

Daily Schedule

DAY + DATE: MONDAY

TO-DO LIST

01
02
03
04
05
06
07
08
09
10

SCHEDULE

07:00
08:00
09:00
10:00
11:00
12:00
13:00
14:00
15:00
16:00
17:00
18:00
19:00
20:00
21:00
22:00
23:00

OTHER NOTES

Daily Schedule

DAY + DATE: MONDAY

TO-DO LIST

01
02
03
04
05
06
07
08
09
10

SCHEDULE

07:00
08:00
09:00
10:00
11:00
12:00
13:00
14:00
15:00
16:00
17:00
18:00
19:00
20:00
21:00
22:00
23:00

OTHER NOTES

Daily Schedule

DAY + DATE: MONDAY

TO-DO LIST

01
02
03
04
05
06
07
08
09
10

SCHEDULE

07:00
08:00
09:00
10:00
11:00
12:00
13:00
14:00
15:00
16:00
17:00
18:00
19:00
20:00
21:00
22:00
23:00

OTHER NOTES

Daily Schedule

DAY + DATE: MONDAY

TO-DO LIST

01
02
03
04
05
06
07
08
09
10

SCHEDULE

07:00
08:00
09:00
10:00
11:00
12:00
13:00
14:00
15:00
16:00
17:00
18:00
19:00
20:00
21:00
22:00
23:00

OTHER NOTES

Daily Schedule

DAY + DATE: MONDAY

TO-DO LIST

01
02
03
04
05
06
07
08
09
10

SCHEDULE

07:00
08:00
09:00
10:00
11:00
12:00
13:00
14:00
15:00
16:00
17:00
18:00
19:00
20:00
21:00
22:00
23:00

OTHER NOTES

Daily Schedule

DAY + DATE: MONDAY

TO-DO LIST

01
02
03
04
05
06
07
08
09
10

SCHEDULE

07:00
08:00
09:00
10:00
11:00
12:00
13:00
14:00
15:00
16:00
17:00
18:00
19:00
20:00
21:00
22:00
23:00

OTHER NOTES

Daily Schedule

DAY + DATE: MONDAY

TO-DO LIST

01.
02.
03.
04.
05.
06.
07.
08.
09.
10.

SCHEDULE

07:00
08:00
09:00
10:00
11:00
12:00
13:00
14:00
15:00
16:00
17:00
18:00
19:00
20:00
21:00
22:00
23:00

OTHER NOTES

Daily Schedule

DAY + DATE: MONDAY

TO-DO LIST

01
02
03
04
05
06
07
08
09
10

SCHEDULE

07:00
08:00
09:00
10:00
11:00
12:00
13:00
14:00
15:00
16:00
17:00
18:00
19:00
20:00
21:00
22:00
23:00

OTHER NOTES

Daily Schedule

DAY + DATE: MONDAY

TO-DO LIST

01
02
03
04
05
06
07
08
09
10

SCHEDULE

07:00
08:00
09:00
10:00
11:00
12:00
13:00
14:00
15:00
16:00
17:00
18:00
19:00
20:00
21:00
22:00
23:00

OTHER NOTES

Daily Schedule

DAY + DATE: MONDAY

TO-DO LIST

01
02
03
04
05
06
07
08
09
10

SCHEDULE

07:00
08:00
09:00
10:00
11:00
12:00
13:00
14:00
15:00
16:00
17:00
18:00
19:00
20:00
21:00
22:00
23:00

OTHER NOTES

Notes

Goal Setter

HOME

FINANCE

HEALTH

RELATIONSHIPS

FITNESS

STUDY

Expense Tracker

DATES:

ITEM	BUDGET	ACTUAL
FOOD		
HOUSING		
HEALTH		
INSURANCE		
GOING OUT		
EATING OUT		
CLOTHING		
TRAVEL		
LEISURE		
SELF-CARE		
EDUCATION		
TRAINING		
TRANSPORT		
PHONE BILL		
UNFORSEEABLE		
CULTURE		
OTHER		
TOTAL		

Bill Tracker

ITEM	JAN	FEB	MAR	APR	MAY	JUN	JUL	AUG	SEP	OCT	NOV	DEC
MORTGAGE												
CAR												
HEALTH												
INSURANCE												
GAS												
WATER												
GAS												
PHONE BILL												
TOTAL												

Income Tracker

SOURCE	AMOUNT	DATE	DESCRIPTION
WORK			
SIDE HUSTLE			
INVESTMENTS			
RENTAL			
TOTAL			

Monthly Goals

MONTH:

PRIMARY GOALS

SECONDARY GOALS

MONTHLY NOTES

Monthly Planner

MONTH:

Weekly Goals

DATES:

GOALS & OUTCOMES

STEPS TO TAKE

TO-DO LIST

- [ ]
- [ ]
- [ ]
- [ ]
- [ ]

- [ ]
- [ ]
- [ ]
- [ ]
- [ ]

WEEKLY NOTES

Weekly Planner

MONTH: **WEEK:**

MONDAY

TUESDAY

WEDNESDAY

THURSDAY

FRIDAY

SATURDAY & SUNDAY

OTHER NOTES

Weekly Planner

MONTH: WEEK:

MONDAY

TUESDAY

WEDNESDAY

THURSDAY

FRIDAY

SATURDAY & SUNDAY

OTHER NOTES

Weekly Planner

MONTH: **WEEK:**

MONDAY

TUESDAY

WEDNESDAY

THURSDAY

FRIDAY

SATURDAY & SUNDAY

OTHER NOTES

Weekly Planner

MONTH: WEEK:

MONDAY

TUESDAY

WEDNESDAY

THURSDAY

FRIDAY

SATURDAY & SUNDAY

OTHER NOTES

Weekly Planner

MONTH: **WEEK:**

MONDAY

TUESDAY

WEDNESDAY

THURSDAY

FRIDAY

SATURDAY & SUNDAY

OTHER NOTES

Daily Schedule

DAY + DATE: MONDAY

TO-DO LIST

01
02
03
04
05
06
07
08
09
10

SCHEDULE

07:00
08:00
09:00
10:00
11:00
12:00
13:00
14:00
15:00
16:00
17:00
18:00
19:00
20:00
21:00
22:00
23:00

OTHER NOTES

Daily Schedule

DAY + DATE: MONDAY

TO-DO LIST

01
02
03
04
05
06
07
08
09
10

SCHEDULE

07:00
08:00
09:00
10:00
11:00
12:00
13:00
14:00
15:00
16:00
17:00
18:00
19:00
20:00
21:00
22:00
23:00

OTHER NOTES

Daily Schedule

DAY + DATE: MONDAY

TO-DO LIST

01
02
03
04
05
06
07
08
09
10

SCHEDULE

07:00
08:00
09:00
10:00
11:00
12:00
13:00
14:00
15:00
16:00
17:00
18:00
19:00
20:00
21:00
22:00
23:00

OTHER NOTES

Daily Schedule

DAY + DATE: MONDAY

TO-DO LIST

01
02
03
04
05
06
07
08
09
10

SCHEDULE

07:00
08:00
09:00
10:00
11:00
12:00
13:00
14:00
15:00
16:00
17:00
18:00
19:00
20:00
21:00
22:00
23:00

OTHER NOTES

Daily Schedule

DAY + DATE: MONDAY

TO-DO LIST

01
02
03
04
05
06
07
08
09
10

SCHEDULE

07:00
08:00
09:00
10:00
11:00
12:00
13:00
14:00
15:00
16:00
17:00
18:00
19:00
20:00
21:00
22:00
23:00

OTHER NOTES

Daily Schedule

DAY + DATE: MONDAY

TO-DO LIST

01
02
03
04
05
06
07
08
09
10

SCHEDULE

07:00
08:00
09:00
10:00
11:00
12:00
13:00
14:00
15:00
16:00
17:00
18:00
19:00
20:00
21:00
22:00
23:00

OTHER NOTES

Daily Schedule

DAY + DATE: MONDAY

TO-DO LIST

01
02
03
04
05
06
07
08
09
10

SCHEDULE

07:00
08:00
09:00
10:00
11:00
12:00
13:00
14:00
15:00
16:00
17:00
18:00
19:00
20:00
21:00
22:00
23:00

OTHER NOTES

Daily Schedule

DAY + DATE: MONDAY

TO-DO LIST

01
02
03
04
05
06
07
08
09
10

SCHEDULE

07:00
08:00
09:00
10:00
11:00
12:00
13:00
14:00
15:00
16:00
17:00
18:00
19:00
20:00
21:00
22:00
23:00

OTHER NOTES

Daily Schedule

DAY + DATE: MONDAY

TO-DO LIST

01.
02.
03.
04.
05.
06.
07.
08.
09.
10.

SCHEDULE

07:00
08:00
09:00
10:00
11:00
12:00
13:00
14:00
15:00
16:00
17:00
18:00
19:00
20:00
21:00
22:00
23:00

OTHER NOTES

Daily Schedule

DAY + DATE: MONDAY

TO-DO LIST

01
02
03
04
05
06
07
08
09
10

SCHEDULE

07:00
08:00
09:00
10:00
11:00
12:00
13:00
14:00
15:00
16:00
17:00
18:00
19:00
20:00
21:00
22:00
23:00

OTHER NOTES

Daily Schedule

DAY + DATE: MONDAY

TO-DO LIST

01
02
03
04
05
06
07
08
09
10

SCHEDULE

07:00
08:00
09:00
10:00
11:00
12:00
13:00
14:00
15:00
16:00
17:00
18:00
19:00
20:00
21:00
22:00
23:00

OTHER NOTES

Daily Schedule

DAY + DATE: MONDAY

TO-DO LIST

01.
02.
03.
04.
05.
06.
07.
08.
09.
10.

SCHEDULE

07:00
08:00
09:00
10:00
11:00
12:00
13:00
14:00
15:00
16:00
17:00
18:00
19:00
20:00
21:00
22:00
23:00

OTHER NOTES

Daily Schedule

DAY + DATE: MONDAY

TO-DO LIST

01
02
03
04
05
06
07
08
09
10

SCHEDULE

07:00
08:00
09:00
10:00
11:00
12:00
13:00
14:00
15:00
16:00
17:00
18:00
19:00
20:00
21:00
22:00
23:00

OTHER NOTES

Daily Schedule

DAY + DATE: MONDAY

TO-DO LIST

01
02
03
04
05
06
07
08
09
10

SCHEDULE

07:00
08:00
09:00
10:00
11:00
12:00
13:00
14:00
15:00
16:00
17:00
18:00
19:00
20:00
21:00
22:00
23:00

OTHER NOTES

Daily Schedule

DAY + DATE: MONDAY

TO-DO LIST

01
02
03
04
05
06
07
08
09
10

SCHEDULE

07:00
08:00
09:00
10:00
11:00
12:00
13:00
14:00
15:00
16:00
17:00
18:00
19:00
20:00
21:00
22:00
23:00

OTHER NOTES

Daily Schedule

DAY + DATE: MONDAY

TO-DO LIST

01
02
03
04
05
06
07
08
09
10

SCHEDULE

07:00
08:00
09:00
10:00
11:00
12:00
13:00
14:00
15:00
16:00
17:00
18:00
19:00
20:00
21:00
22:00
23:00

OTHER NOTES

Daily Schedule

DAY + DATE: MONDAY

TO-DO LIST

01
02
03
04
05
06
07
08
09
10

SCHEDULE

07:00
08:00
09:00
10:00
11:00
12:00
13:00
14:00
15:00
16:00
17:00
18:00
19:00
20:00
21:00
22:00
23:00

OTHER NOTES

Daily Schedule

DAY + DATE: MONDAY

TO-DO LIST

01
02
03
04
05
06
07
08
09
10

SCHEDULE

07:00
08:00
09:00
10:00
11:00
12:00
13:00
14:00
15:00
16:00
17:00
18:00
19:00
20:00
21:00
22:00
23:00

OTHER NOTES

Daily Schedule

DAY + DATE: MONDAY

TO-DO LIST

01
02
03
04
05
06
07
08
09
10

SCHEDULE

07:00
08:00
09:00
10:00
11:00
12:00
13:00
14:00
15:00
16:00
17:00
18:00
19:00
20:00
21:00
22:00
23:00

OTHER NOTES

Daily Schedule

DAY + DATE: MONDAY

TO-DO LIST

01
02
03
04
05
06
07
08
09
10

SCHEDULE

07:00
08:00
09:00
10:00
11:00
12:00
13:00
14:00
15:00
16:00
17:00
18:00
19:00
20:00
21:00
22:00
23:00

OTHER NOTES

Daily Schedule

DAY + DATE: MONDAY

TO-DO LIST

01
02
03
04
05
06
07
08
09
10

SCHEDULE

07:00
08:00
09:00
10:00
11:00
12:00
13:00
14:00
15:00
16:00
17:00
18:00
19:00
20:00
21:00
22:00
23:00

OTHER NOTES

Daily Schedule

DAY + DATE: MONDAY

TO-DO LIST

01
02
03
04
05
06
07
08
09
10

SCHEDULE

07:00
08:00
09:00
10:00
11:00
12:00
13:00
14:00
15:00
16:00
17:00
18:00
19:00
20:00
21:00
22:00
23:00

OTHER NOTES

Daily Schedule

DAY + DATE: MONDAY

TO-DO LIST

01
02
03
04
05
06
07
08
09
10

SCHEDULE

07:00
08:00
09:00
10:00
11:00
12:00
13:00
14:00
15:00
16:00
17:00
18:00
19:00
20:00
21:00
22:00
23:00

OTHER NOTES

Daily Schedule

DAY + DATE: MONDAY

TO-DO LIST

01
02
03
04
05
06
07
08
09
10

SCHEDULE

07:00
08:00
09:00
10:00
11:00
12:00
13:00
14:00
15:00
16:00
17:00
18:00
19:00
20:00
21:00
22:00
23:00

OTHER NOTES

Daily Schedule

DAY + DATE: MONDAY

TO-DO LIST

01
02
03
04
05
06
07
08
09
10

SCHEDULE

07:00
08:00
09:00
10:00
11:00
12:00
13:00
14:00
15:00
16:00
17:00
18:00
19:00
20:00
21:00
22:00
23:00

OTHER NOTES

Daily Schedule

DAY + DATE: MONDAY

TO-DO LIST

01
02
03
04
05
06
07
08
09
10

SCHEDULE

07:00
08:00
09:00
10:00
11:00
12:00
13:00
14:00
15:00
16:00
17:00
18:00
19:00
20:00
21:00
22:00
23:00

OTHER NOTES

Daily Schedule

DAY + DATE: MONDAY

TO-DO LIST

01
02
03
04
05
06
07
08
09
10

SCHEDULE

07:00
08:00
09:00
10:00
11:00
12:00
13:00
14:00
15:00
16:00
17:00
18:00
19:00
20:00
21:00
22:00
23:00

OTHER NOTES

Daily Schedule

DAY + DATE: MONDAY

TO-DO LIST

01
02
03
04
05
06
07
08
09
10

SCHEDULE

07:00
08:00
09:00
10:00
11:00
12:00
13:00
14:00
15:00
16:00
17:00
18:00
19:00
20:00
21:00
22:00
23:00

OTHER NOTES

Daily Schedule

DAY + DATE: MONDAY

TO-DO LIST

01.
02.
03.
04.
05.
06.
07.
08.
09.
10.

SCHEDULE

07:00
08:00
09:00
10:00
11:00
12:00
13:00
14:00
15:00
16:00
17:00
18:00
19:00
20:00
21:00
22:00
23:00

OTHER NOTES

Daily Schedule

DAY + DATE: MONDAY

TO-DO LIST

01
02
03
04
05
06
07
08
09
10

SCHEDULE

07:00
08:00
09:00
10:00
11:00
12:00
13:00
14:00
15:00
16:00
17:00
18:00
19:00
20:00
21:00
22:00
23:00

OTHER NOTES

Daily Schedule

DAY + DATE: MONDAY

TO-DO LIST

01
02
03
04
05
06
07
08
09
10

SCHEDULE

07:00
08:00
09:00
10:00
11:00
12:00
13:00
14:00
15:00
16:00
17:00
18:00
19:00
20:00
21:00
22:00
23:00

OTHER NOTES

Notes

Goal Setter

HOME

FINANCE

HEALTH

RELATIONSHIPS

FITNESS

STUDY

Expense Tracker

DATES:

ITEM	BUDGET	ACTUAL
FOOD		
HOUSING		
HEALTH		
INSURANCE		
GOING OUT		
EATING OUT		
CLOTHING		
TRAVEL		
LEISURE		
SELF-CARE		
EDUCATION		
TRAINING		
TRANSPORT		
PHONE BILL		
UNFORSEEABLE		
CULTURE		
OTHER		
TOTAL		

Bill Tracker

ITEM	JAN	FEB	MAR	APR	MAY	JUN	JUL	AUG	SEP	OCT	NOV	DEC
MORTGAGE												
CAR												
HEALTH												
INSURANCE												
GAS												
WATER												
GAS												
PHONE BILL												
TOTAL												

Income Tracker

SOURCE	AMOUNT	DATE	DESCRIPTION
WORK			
SIDE HUSTLE			
INVESTMENTS			
RENTAL			
TOTAL			

Monthly Goals

MONTH:

PRIMARY GOALS

SECONDARY GOALS

MONTHLY NOTES

Monthly Planner

MONTH:

Weekly Goals

DATES:

GOALS & OUTCOMES

STEPS TO TAKE

TO-DO LIST

- [ ]
- [ ]
- [ ]
- [ ]
- [ ]

- [ ]
- [ ]
- [ ]
- [ ]
- [ ]

WEEKLY NOTES

Weekly Planner

MONTH: **WEEK:**

MONDAY

TUESDAY

WEDNESDAY

THURSDAY

FRIDAY

SATURDAY & SUNDAY

OTHER NOTES

Weekly Planner

MONTH: WEEK:

MONDAY

TUESDAY

WEDNESDAY

THURSDAY

FRIDAY

SATURDAY & SUNDAY

OTHER NOTES

Weekly Planner

MONTH: **WEEK:**

MONDAY

TUESDAY

WEDNESDAY

THURSDAY

FRIDAY

SATURDAY & SUNDAY

OTHER NOTES

Weekly Planner

MONTH: WEEK:

MONDAY

TUESDAY

WEDNESDAY

THURSDAY

FRIDAY

SATURDAY & SUNDAY

OTHER NOTES

Weekly Planner

MONTH: **WEEK:**

MONDAY

TUESDAY

WEDNESDAY

THURSDAY

FRIDAY

SATURDAY & SUNDAY

OTHER NOTES

Daily Schedule

DAY + DATE: MONDAY

TO-DO LIST

01
02
03
04
05
06
07
08
09
10

SCHEDULE

07:00
08:00
09:00
10:00
11:00
12:00
13:00
14:00
15:00
16:00
17:00
18:00
19:00
20:00
21:00
22:00
23:00

OTHER NOTES

Daily Schedule

DAY + DATE: MONDAY

TO-DO LIST

01
02
03
04
05
06
07
08
09
10

SCHEDULE

07:00
08:00
09:00
10:00
11:00
12:00
13:00
14:00
15:00
16:00
17:00
18:00
19:00
20:00
21:00
22:00
23:00

OTHER NOTES

Daily Schedule

DAY + DATE: MONDAY

TO-DO LIST

01
02
03
04
05
06
07
08
09
10

SCHEDULE

07:00
08:00
09:00
10:00
11:00
12:00
13:00
14:00
15:00
16:00
17:00
18:00
19:00
20:00
21:00
22:00
23:00

OTHER NOTES

Daily Schedule

DAY + DATE: MONDAY

TO-DO LIST

01
02
03
04
05
06
07
08
09
10

SCHEDULE

07:00
08:00
09:00
10:00
11:00
12:00
13:00
14:00
15:00
16:00
17:00
18:00
19:00
20:00
21:00
22:00
23:00

OTHER NOTES

Daily Schedule

DAY + DATE: MONDAY

TO-DO LIST

01
02
03
04
05
06
07
08
09
10

SCHEDULE

07:00
08:00
09:00
10:00
11:00
12:00
13:00
14:00
15:00
16:00
17:00
18:00
19:00
20:00
21:00
22:00
23:00

OTHER NOTES

Daily Schedule

DAY + DATE: MONDAY

TO-DO LIST

01
02
03
04
05
06
07
08
09
10

SCHEDULE

07:00
08:00
09:00
10:00
11:00
12:00
13:00
14:00
15:00
16:00
17:00
18:00
19:00
20:00
21:00
22:00
23:00

OTHER NOTES

Daily Schedule

DAY + DATE: MONDAY

TO-DO LIST

01
02
03
04
05
06
07
08
09
10

SCHEDULE

07:00
08:00
09:00
10:00
11:00
12:00
13:00
14:00
15:00
16:00
17:00
18:00
19:00
20:00
21:00
22:00
23:00

OTHER NOTES

Daily Schedule

DAY + DATE: MONDAY

TO-DO LIST

01
02
03
04
05
06
07
08
09
10

SCHEDULE

07:00
08:00
09:00
10:00
11:00
12:00
13:00
14:00
15:00
16:00
17:00
18:00
19:00
20:00
21:00
22:00
23:00

OTHER NOTES

Daily Schedule

DAY + DATE: MONDAY

TO-DO LIST

01
02
03
04
05
06
07
08
09
10

SCHEDULE

07:00
08:00
09:00
10:00
11:00
12:00
13:00
14:00
15:00
16:00
17:00
18:00
19:00
20:00
21:00
22:00
23:00

OTHER NOTES

Daily Schedule

DAY + DATE: MONDAY

TO-DO LIST

01.
02.
03.
04.
05.
06.
07.
08.
09.
10.

SCHEDULE

07:00
08:00
09:00
10:00
11:00
12:00
13:00
14:00
15:00
16:00
17:00
18:00
19:00
20:00
21:00
22:00
23:00

OTHER NOTES

Daily Schedule

DAY + DATE: MONDAY

TO-DO LIST

01
02
03
04
05
06
07
08
09
10

SCHEDULE

07:00
08:00
09:00
10:00
11:00
12:00
13:00
14:00
15:00
16:00
17:00
18:00
19:00
20:00
21:00
22:00
23:00

OTHER NOTES

Daily Schedule

DAY + DATE: MONDAY

TO-DO LIST

01
02
03
04
05
06
07
08
09
10

SCHEDULE

07:00
08:00
09:00
10:00
11:00
12:00
13:00
14:00
15:00
16:00
17:00
18:00
19:00
20:00
21:00
22:00
23:00

OTHER NOTES

Daily Schedule

DAY + DATE: MONDAY

TO-DO LIST

01.
02.
03.
04.
05.
06.
07.
08.
09.
10.

SCHEDULE

07:00
08:00
09:00
10:00
11:00
12:00
13:00
14:00
15:00
16:00
17:00
18:00
19:00
20:00
21:00
22:00
23:00

OTHER NOTES

Daily Schedule

DAY + DATE: MONDAY

TO-DO LIST

01
02
03
04
05
06
07
08
09
10

SCHEDULE

07:00
08:00
09:00
10:00
11:00
12:00
13:00
14:00
15:00
16:00
17:00
18:00
19:00
20:00
21:00
22:00
23:00

OTHER NOTES

Daily Schedule

DAY + DATE: MONDAY

TO-DO LIST

01
02
03
04
05
06
07
08
09
10

SCHEDULE

07:00
08:00
09:00
10:00
11:00
12:00
13:00
14:00
15:00
16:00
17:00
18:00
19:00
20:00
21:00
22:00
23:00

OTHER NOTES

Daily Schedule

DAY + DATE: MONDAY

TO-DO LIST

01
02
03
04
05
06
07
08
09
10

SCHEDULE

07:00
08:00
09:00
10:00
11:00
12:00
13:00
14:00
15:00
16:00
17:00
18:00
19:00
20:00
21:00
22:00
23:00

OTHER NOTES

Daily Schedule

DAY + DATE: MONDAY

TO-DO LIST

01
02
03
04
05
06
07
08
09
10

SCHEDULE

07:00
08:00
09:00
10:00
11:00
12:00
13:00
14:00
15:00
16:00
17:00
18:00
19:00
20:00
21:00
22:00
23:00

OTHER NOTES

Daily Schedule

DAY + DATE: MONDAY

TO-DO LIST

01
02
03
04
05
06
07
08
09
10

SCHEDULE

07:00
08:00
09:00
10:00
11:00
12:00
13:00
14:00
15:00
16:00
17:00
18:00
19:00
20:00
21:00
22:00
23:00

OTHER NOTES

Daily Schedule

DAY + DATE: MONDAY

TO-DO LIST

01.
02.
03.
04.
05.
06.
07.
08.
09.
10.

SCHEDULE

07:00
08:00
09:00
10:00
11:00
12:00
13:00
14:00
15:00
16:00
17:00
18:00
19:00
20:00
21:00
22:00
23:00

OTHER NOTES

Daily Schedule

DAY + DATE: MONDAY

TO-DO LIST

01
02
03
04
05
06
07
08
09
10

SCHEDULE

07:00
08:00
09:00
10:00
11:00
12:00
13:00
14:00
15:00
16:00
17:00
18:00
19:00
20:00
21:00
22:00
23:00

OTHER NOTES

Daily Schedule

DAY + DATE: MONDAY

TO-DO LIST

01.
02.
03.
04.
05.
06.
07.
08.
09.
10.

SCHEDULE

07:00
08:00
09:00
10:00
11:00
12:00
13:00
14:00
15:00
16:00
17:00
18:00
19:00
20:00
21:00
22:00
23:00

OTHER NOTES

Daily Schedule

DAY + DATE: MONDAY

TO-DO LIST

01
02
03
04
05
06
07
08
09
10

SCHEDULE

07:00
08:00
09:00
10:00
11:00
12:00
13:00
14:00
15:00
16:00
17:00
18:00
19:00
20:00
21:00
22:00
23:00

OTHER NOTES

Daily Schedule

DAY + DATE: MONDAY

TO-DO LIST

01
02
03
04
05
06
07
08
09
10

SCHEDULE

07:00
08:00
09:00
10:00
11:00
12:00
13:00
14:00
15:00
16:00
17:00
18:00
19:00
20:00
21:00
22:00
23:00

OTHER NOTES

Daily Schedule

DAY + DATE: MONDAY

TO-DO LIST

01
02
03
04
05
06
07
08
09
10

SCHEDULE

07:00
08:00
09:00
10:00
11:00
12:00
13:00
14:00
15:00
16:00
17:00
18:00
19:00
20:00
21:00
22:00
23:00

OTHER NOTES

Daily Schedule

DAY + DATE: MONDAY

TO-DO LIST

01
02
03
04
05
06
07
08
09
10

SCHEDULE

07:00
08:00
09:00
10:00
11:00
12:00
13:00
14:00
15:00
16:00
17:00
18:00
19:00
20:00
21:00
22:00
23:00

OTHER NOTES

Daily Schedule

DAY + DATE: MONDAY

TO-DO LIST

01
02
03
04
05
06
07
08
09
10

SCHEDULE

07:00
08:00
09:00
10:00
11:00
12:00
13:00
14:00
15:00
16:00
17:00
18:00
19:00
20:00
21:00
22:00
23:00

OTHER NOTES

Daily Schedule

DAY + DATE: MONDAY

TO-DO LIST

01
02
03
04
05
06
07
08
09
10

SCHEDULE

07:00
08:00
09:00
10:00
11:00
12:00
13:00
14:00
15:00
16:00
17:00
18:00
19:00
20:00
21:00
22:00
23:00

OTHER NOTES

Daily Schedule

DAY + DATE: MONDAY

TO-DO LIST

01
02
03
04
05
06
07
08
09
10

SCHEDULE

07:00
08:00
09:00
10:00
11:00
12:00
13:00
14:00
15:00
16:00
17:00
18:00
19:00
20:00
21:00
22:00
23:00

OTHER NOTES

Daily Schedule

DAY + DATE: MONDAY

TO-DO LIST

01
02
03
04
05
06
07
08
09
10

SCHEDULE

07:00
08:00
09:00
10:00
11:00
12:00
13:00
14:00
15:00
16:00
17:00
18:00
19:00
20:00
21:00
22:00
23:00

OTHER NOTES

Daily Schedule

DAY + DATE: MONDAY

TO-DO LIST

01
02
03
04
05
06
07
08
09
10

SCHEDULE

07:00
08:00
09:00
10:00
11:00
12:00
13:00
14:00
15:00
16:00
17:00
18:00
19:00
20:00
21:00
22:00
23:00

OTHER NOTES

Daily Schedule

DAY + DATE: MONDAY

TO-DO LIST

01
02
03
04
05
06
07
08
09
10

SCHEDULE

07:00
08:00
09:00
10:00
11:00
12:00
13:00
14:00
15:00
16:00
17:00
18:00
19:00
20:00
21:00
22:00
23:00

OTHER NOTES

Notes

Goal Setter

HOME	FINANCE

HEALTH	RELATIONSHIPS

FITNESS	STUDY

Expense Tracker

DATES:

ITEM	BUDGET	ACTUAL
FOOD		
HOUSING		
HEALTH		
INSURANCE		
GOING OUT		
EATING OUT		
CLOTHING		
TRAVEL		
LEISURE		
SELF-CARE		
EDUCATION		
TRAINING		
TRANSPORT		
PHONE BILL		
UNFORSEEABLE		
CULTURE		
OTHER		
TOTAL		

Bill Tracker

ITEM	JAN	FEB	MAR	APR	MAY	JUN	JUL	AUG	SEP	OCT	NOV	DEC
MORTGAGE												
CAR												
HEALTH												
INSURANCE												
GAS												
WATER												
GAS												
PHONE BILL												
TOTAL												

Income Tracker

SOURCE	AMOUNT	DATE	DESCRIPTION
WORK			
SIDE HUSTLE			
INVESTMENTS			
RENTAL			
TOTAL			

Monthly Goals

MONTH:

PRIMARY GOALS

SECONDARY GOALS

MONTHLY NOTES

Monthly Planner

MONTH:

Weekly Goals

DATES:

GOALS & OUTCOMES

STEPS TO TAKE

TO-DO LIST

- [ ]
- [ ]
- [ ]
- [ ]
- [ ]

- [ ]
- [ ]
- [ ]
- [ ]
- [ ]

WEEKLY NOTES

Weekly Planner

MONTH: **WEEK:**

MONDAY

TUESDAY

WEDNESDAY

THURSDAY

FRIDAY

SATURDAY & SUNDAY

OTHER NOTES

Weekly Planner

MONTH: WEEK:

MONDAY

TUESDAY

WEDNESDAY

THURSDAY

FRIDAY

SATURDAY & SUNDAY

OTHER NOTES

Weekly Planner

MONTH: WEEK:

MONDAY

TUESDAY

WEDNESDAY

THURSDAY

FRIDAY

SATURDAY & SUNDAY

OTHER NOTES

Weekly Planner

MONTH: WEEK:

MONDAY

TUESDAY

WEDNESDAY

THURSDAY

FRIDAY

SATURDAY & SUNDAY

OTHER NOTES

Weekly Planner

MONTH: **WEEK:**

MONDAY

TUESDAY

WEDNESDAY

THURSDAY

FRIDAY

SATURDAY & SUNDAY

OTHER NOTES

Daily Schedule

DAY + DATE: MONDAY

TO-DO LIST

01
02
03
04
05
06
07
08
09
10

SCHEDULE

07:00
08:00
09:00
10:00
11:00
12:00
13:00
14:00
15:00
16:00
17:00
18:00
19:00
20:00
21:00
22:00
23:00

OTHER NOTES

Daily Schedule

DAY + DATE: MONDAY

TO-DO LIST

01.
02.
03.
04.
05.
06.
07.
08.
09.
10.

SCHEDULE

07:00
08:00
09:00
10:00
11:00
12:00
13:00
14:00
15:00
16:00
17:00
18:00
19:00
20:00
21:00
22:00
23:00

OTHER NOTES

Daily Schedule

DAY + DATE: MONDAY

TO-DO LIST

01
02
03
04
05
06
07
08
09
10

SCHEDULE

07:00
08:00
09:00
10:00
11:00
12:00
13:00
14:00
15:00
16:00
17:00
18:00
19:00
20:00
21:00
22:00
23:00

OTHER NOTES

Daily Schedule

DAY + DATE: MONDAY

TO-DO LIST

01
02
03
04
05
06
07
08
09
10

SCHEDULE

07:00
08:00
09:00
10:00
11:00
12:00
13:00
14:00
15:00
16:00
17:00
18:00
19:00
20:00
21:00
22:00
23:00

OTHER NOTES

Daily Schedule

DAY + DATE: MONDAY

TO-DO LIST

01
02
03
04
05
06
07
08
09
10

SCHEDULE

07:00
08:00
09:00
10:00
11:00
12:00
13:00
14:00
15:00
16:00
17:00
18:00
19:00
20:00
21:00
22:00
23:00

OTHER NOTES

Daily Schedule

DAY + DATE: MONDAY

TO-DO LIST

01
02
03
04
05
06
07
08
09
10

SCHEDULE

07:00
08:00
09:00
10:00
11:00
12:00
13:00
14:00
15:00
16:00
17:00
18:00
19:00
20:00
21:00
22:00
23:00

OTHER NOTES

Daily Schedule

DAY + DATE: MONDAY

TO-DO LIST

01
02
03
04
05
06
07
08
09
10

SCHEDULE

07:00
08:00
09:00
10:00
11:00
12:00
13:00
14:00
15:00
16:00
17:00
18:00
19:00
20:00
21:00
22:00
23:00

OTHER NOTES

Daily Schedule

DAY + DATE: MONDAY

TO-DO LIST

01
02
03
04
05
06
07
08
09
10

SCHEDULE

07:00
08:00
09:00
10:00
11:00
12:00
13:00
14:00
15:00
16:00
17:00
18:00
19:00
20:00
21:00
22:00
23:00

OTHER NOTES

Daily Schedule

DAY + DATE: MONDAY

TO-DO LIST

01.
02.
03.
04.
05.
06.
07.
08.
09.
10.

SCHEDULE

07:00
08:00
09:00
10:00
11:00
12:00
13:00
14:00
15:00
16:00
17:00
18:00
19:00
20:00
21:00
22:00
23:00

OTHER NOTES

Daily Schedule

DAY + DATE: MONDAY

TO-DO LIST

01
02
03
04
05
06
07
08
09
10

SCHEDULE

07:00
08:00
09:00
10:00
11:00
12:00
13:00
14:00
15:00
16:00
17:00
18:00
19:00
20:00
21:00
22:00
23:00

OTHER NOTES

Daily Schedule

DAY + DATE: MONDAY

TO-DO LIST

01
02
03
04
05
06
07
08
09
10

SCHEDULE

07:00
08:00
09:00
10:00
11:00
12:00
13:00
14:00
15:00
16:00
17:00
18:00
19:00
20:00
21:00
22:00
23:00

OTHER NOTES

Daily Schedule

DAY + DATE: MONDAY

TO-DO LIST

01
02
03
04
05
06
07
08
09
10

SCHEDULE

07:00
08:00
09:00
10:00
11:00
12:00
13:00
14:00
15:00
16:00
17:00
18:00
19:00
20:00
21:00
22:00
23:00

OTHER NOTES

Daily Schedule

DAY + DATE: MONDAY

TO-DO LIST

01
02
03
04
05
06
07
08
09
10

SCHEDULE

07:00
08:00
09:00
10:00
11:00
12:00
13:00
14:00
15:00
16:00
17:00
18:00
19:00
20:00
21:00
22:00
23:00

OTHER NOTES

Daily Schedule

DAY + DATE: MONDAY

TO-DO LIST

01.
02.
03.
04.
05.
06.
07.
08.
09.
10.

SCHEDULE

07:00
08:00
09:00
10:00
11:00
12:00
13:00
14:00
15:00
16:00
17:00
18:00
19:00
20:00
21:00
22:00
23:00

OTHER NOTES

Daily Schedule

DAY + DATE: MONDAY

TO-DO LIST

01
02
03
04
05
06
07
08
09
10

SCHEDULE

07:00
08:00
09:00
10:00
11:00
12:00
13:00
14:00
15:00
16:00
17:00
18:00
19:00
20:00
21:00
22:00
23:00

OTHER NOTES

Daily Schedule

DAY + DATE: MONDAY

TO-DO LIST

01.
02.
03.
04.
05.
06.
07.
08.
09.
10.

SCHEDULE

07:00
08:00
09:00
10:00
11:00
12:00
13:00
14:00
15:00
16:00
17:00
18:00
19:00
20:00
21:00
22:00
23:00

OTHER NOTES

Daily Schedule

DAY + DATE: MONDAY

TO-DO LIST

01
02
03
04
05
06
07
08
09
10

SCHEDULE

07:00
08:00
09:00
10:00
11:00
12:00
13:00
14:00
15:00
16:00
17:00
18:00
19:00
20:00
21:00
22:00
23:00

OTHER NOTES

Daily Schedule

DAY + DATE: MONDAY

TO-DO LIST

01
02
03
04
05
06
07
08
09
10

SCHEDULE

07:00
08:00
09:00
10:00
11:00
12:00
13:00
14:00
15:00
16:00
17:00
18:00
19:00
20:00
21:00
22:00
23:00

OTHER NOTES

Daily Schedule

DAY + DATE: MONDAY

TO-DO LIST

01
02
03
04
05
06
07
08
09
10

SCHEDULE

07:00
08:00
09:00
10:00
11:00
12:00
13:00
14:00
15:00
16:00
17:00
18:00
19:00
20:00
21:00
22:00
23:00

OTHER NOTES

Daily Schedule

DAY + DATE: MONDAY

TO-DO LIST

01
02
03
04
05
06
07
08
09
10

SCHEDULE

07:00
08:00
09:00
10:00
11:00
12:00
13:00
14:00
15:00
16:00
17:00
18:00
19:00
20:00
21:00
22:00
23:00

OTHER NOTES

Daily Schedule

DAY + DATE: MONDAY

TO-DO LIST

01
02
03
04
05
06
07
08
09
10

SCHEDULE

07:00
08:00
09:00
10:00
11:00
12:00
13:00
14:00
15:00
16:00
17:00
18:00
19:00
20:00
21:00
22:00
23:00

OTHER NOTES

Daily Schedule

DAY + DATE: MONDAY

TO-DO LIST

01
02
03
04
05
06
07
08
09
10

SCHEDULE

07:00
08:00
09:00
10:00
11:00
12:00
13:00
14:00
15:00
16:00
17:00
18:00
19:00
20:00
21:00
22:00
23:00

OTHER NOTES

Daily Schedule

DAY + DATE: MONDAY

TO-DO LIST

01
02
03
04
05
06
07
08
09
10

SCHEDULE

07:00
08:00
09:00
10:00
11:00
12:00
13:00
14:00
15:00
16:00
17:00
18:00
19:00
20:00
21:00
22:00
23:00

OTHER NOTES

Daily Schedule

DAY + DATE: MONDAY

TO-DO LIST

01
02
03
04
05
06
07
08
09
10

SCHEDULE

07:00
08:00
09:00
10:00
11:00
12:00
13:00
14:00
15:00
16:00
17:00
18:00
19:00
20:00
21:00
22:00
23:00

OTHER NOTES

Daily Schedule

DAY + DATE: MONDAY

TO-DO LIST

01.
02.
03.
04.
05.
06.
07.
08.
09.
10.

SCHEDULE

07:00
08:00
09:00
10:00
11:00
12:00
13:00
14:00
15:00
16:00
17:00
18:00
19:00
20:00
21:00
22:00
23:00

OTHER NOTES

Daily Schedule

DAY + DATE: MONDAY

TO-DO LIST

01
02
03
04
05
06
07
08
09
10

SCHEDULE

07:00
08:00
09:00
10:00
11:00
12:00
13:00
14:00
15:00
16:00
17:00
18:00
19:00
20:00
21:00
22:00
23:00

OTHER NOTES

Daily Schedule

DAY + DATE: MONDAY

TO-DO LIST

01
02
03
04
05
06
07
08
09
10

SCHEDULE

07:00
08:00
09:00
10:00
11:00
12:00
13:00
14:00
15:00
16:00
17:00
18:00
19:00
20:00
21:00
22:00
23:00

OTHER NOTES

Daily Schedule

DAY + DATE: MONDAY

TO-DO LIST

01
02
03
04
05
06
07
08
09
10

SCHEDULE

07:00
08:00
09:00
10:00
11:00
12:00
13:00
14:00
15:00
16:00
17:00
18:00
19:00
20:00
21:00
22:00
23:00

OTHER NOTES

Daily Schedule

DAY + DATE: MONDAY

TO-DO LIST

01.
02.
03.
04.
05.
06.
07.
08.
09.
10.

SCHEDULE

07:00
08:00
09:00
10:00
11:00
12:00
13:00
14:00
15:00
16:00
17:00
18:00
19:00
20:00
21:00
22:00
23:00

OTHER NOTES

Daily Schedule

DAY + DATE: MONDAY

TO-DO LIST

01
02
03
04
05
06
07
08
09
10

SCHEDULE

07:00
08:00
09:00
10:00
11:00
12:00
13:00
14:00
15:00
16:00
17:00
18:00
19:00
20:00
21:00
22:00
23:00

OTHER NOTES

Daily Schedule

DAY + DATE: MONDAY

TO-DO LIST

01
02
03
04
05
06
07
08
09
10

SCHEDULE

07:00
08:00
09:00
10:00
11:00
12:00
13:00
14:00
15:00
16:00
17:00
18:00
19:00
20:00
21:00
22:00
23:00

OTHER NOTES

Notes

Goal Setter

HOME	FINANCE

HEALTH	RELATIONSHIPS

FITNESS	STUDY

Expense Tracker

DATES:

ITEM	BUDGET	ACTUAL
FOOD		
HOUSING		
HEALTH		
INSURANCE		
GOING OUT		
EATING OUT		
CLOTHING		
TRAVEL		
LEISURE		
SELF-CARE		
EDUCATION		
TRAINING		
TRANSPORT		
PHONE BILL		
UNFORSEEABLE		
CULTURE		
OTHER		
TOTAL		

Bill Tracker

ITEM	JAN	FEB	MAR	APR	MAY	JUN	JUL	AUG	SEP	OCT	NOV	DEC
MORTGAGE												
CAR												
HEALTH												
INSURANCE												
GAS												
WATER												
GAS												
PHONE BILL												
TOTAL												

Income Tracker

SOURCE	AMOUNT	DATE	DESCRIPTION
WORK			
SIDE HUSTLE			
INVESTMENTS			
RENTAL			
TOTAL			

Monthly Goals

MONTH:

PRIMARY GOALS

SECONDARY GOALS

MONTHLY NOTES

Monthly Planner

MONTH:

Weekly Goals

DATES:

GOALS & OUTCOMES

STEPS TO TAKE

TO-DO LIST

- [ ]
- [ ]
- [ ]
- [ ]
- [ ]

- [ ]
- [ ]
- [ ]
- [ ]

WEEKLY NOTES

Weekly Planner

MONTH: **WEEK:**

MONDAY

TUESDAY

WEDNESDAY

THURSDAY

FRIDAY

SATURDAY & SUNDAY

OTHER NOTES

Weekly Planner

MONTH: WEEK:

MONDAY

TUESDAY

WEDNESDAY

THURSDAY

FRIDAY

SATURDAY & SUNDAY

OTHER NOTES

Weekly Planner

MONTH: **WEEK:**

MONDAY

TUESDAY

WEDNESDAY

THURSDAY

FRIDAY

SATURDAY & SUNDAY

OTHER NOTES

Weekly Planner

MONTH: **WEEK:**

MONDAY

TUESDAY

WEDNESDAY

THURSDAY

FRIDAY

SATURDAY & SUNDAY

OTHER NOTES

Weekly Planner

MONTH: **WEEK:**

MONDAY

TUESDAY

WEDNESDAY

THURSDAY

FRIDAY

SATURDAY & SUNDAY

OTHER NOTES

Daily Schedule

DAY + DATE: MONDAY

TO-DO LIST

01.
02.
03.
04.
05.
06.
07.
08.
09.
10.

SCHEDULE

07:00
08:00
09:00
10:00
11:00
12:00
13:00
14:00
15:00
16:00
17:00
18:00
19:00
20:00
21:00
22:00
23:00

OTHER NOTES

Daily Schedule

DAY + DATE: MONDAY

TO-DO LIST

01
02
03
04
05
06
07
08
09
10

SCHEDULE

07:00
08:00
09:00
10:00
11:00
12:00
13:00
14:00
15:00
16:00
17:00
18:00
19:00
20:00
21:00
22:00
23:00

OTHER NOTES

Daily Schedule

DAY + DATE: MONDAY

TO-DO LIST

01
02
03
04
05
06
07
08
09
10

SCHEDULE

07:00
08:00
09:00
10:00
11:00
12:00
13:00
14:00
15:00
16:00
17:00
18:00
19:00
20:00
21:00
22:00
23:00

OTHER NOTES

Daily Schedule

DAY + DATE: MONDAY

TO-DO LIST

01
02
03
04
05
06
07
08
09
10

SCHEDULE

07:00
08:00
09:00
10:00
11:00
12:00
13:00
14:00
15:00
16:00
17:00
18:00
19:00
20:00
21:00
22:00
23:00

OTHER NOTES

Daily Schedule

DAY + DATE: MONDAY

TO-DO LIST

01
02
03
04
05
06
07
08
09
10

SCHEDULE

07:00
08:00
09:00
10:00
11:00
12:00
13:00
14:00
15:00
16:00
17:00
18:00
19:00
20:00
21:00
22:00
23:00

OTHER NOTES

Daily Schedule

DAY + DATE: MONDAY

TO-DO LIST

01
02
03
04
05
06
07
08
09
10

SCHEDULE

07:00
08:00
09:00
10:00
11:00
12:00
13:00
14:00
15:00
16:00
17:00
18:00
19:00
20:00
21:00
22:00
23:00

OTHER NOTES

Daily Schedule

DAY + DATE: MONDAY

TO-DO LIST

01
02
03
04
05
06
07
08
09
10

SCHEDULE

07:00
08:00
09:00
10:00
11:00
12:00
13:00
14:00
15:00
16:00
17:00
18:00
19:00
20:00
21:00
22:00
23:00

OTHER NOTES

Daily Schedule

DAY + DATE: MONDAY

TO-DO LIST

01.
02.
03.
04.
05.
06.
07.
08.
09.
10.

SCHEDULE

07:00
08:00
09:00
10:00
11:00
12:00
13:00
14:00
15:00
16:00
17:00
18:00
19:00
20:00
21:00
22:00
23:00

OTHER NOTES

Daily Schedule

DAY + DATE: MONDAY

TO-DO LIST

01.
02.
03.
04.
05.
06.
07.
08.
09.
10.

SCHEDULE

07:00
08:00
09:00
10:00
11:00
12:00
13:00
14:00
15:00
16:00
17:00
18:00
19:00
20:00
21:00
22:00
23:00

OTHER NOTES

Daily Schedule

DAY + DATE: MONDAY

TO-DO LIST

01
02
03
04
05
06
07
08
09
10

SCHEDULE

07:00
08:00
09:00
10:00
11:00
12:00
13:00
14:00
15:00
16:00
17:00
18:00
19:00
20:00
21:00
22:00
23:00

OTHER NOTES

Daily Schedule

DAY + DATE: MONDAY

TO-DO LIST

01
02
03
04
05
06
07
08
09
10

SCHEDULE

07:00
08:00
09:00
10:00
11:00
12:00
13:00
14:00
15:00
16:00
17:00
18:00
19:00
20:00
21:00
22:00
23:00

OTHER NOTES

Daily Schedule

DAY + DATE: MONDAY

TO-DO LIST

01
02
03
04
05
06
07
08
09
10

SCHEDULE

07:00
08:00
09:00
10:00
11:00
12:00
13:00
14:00
15:00
16:00
17:00
18:00
19:00
20:00
21:00
22:00
23:00

OTHER NOTES

Daily Schedule

DAY + DATE: MONDAY

TO-DO LIST

01
02
03
04
05
06
07
08
09
10

SCHEDULE

07:00
08:00
09:00
10:00
11:00
12:00
13:00
14:00
15:00
16:00
17:00
18:00
19:00
20:00
21:00
22:00
23:00

OTHER NOTES

Daily Schedule

DAY + DATE: MONDAY

TO-DO LIST

01.
02.
03.
04.
05.
06.
07.
08.
09.
10.

SCHEDULE

07:00
08:00
09:00
10:00
11:00
12:00
13:00
14:00
15:00
16:00
17:00
18:00
19:00
20:00
21:00
22:00
23:00

OTHER NOTES

Daily Schedule

DAY + DATE: MONDAY

TO-DO LIST

01
02
03
04
05
06
07
08
09
10

SCHEDULE

07:00
08:00
09:00
10:00
11:00
12:00
13:00
14:00
15:00
16:00
17:00
18:00
19:00
20:00
21:00
22:00
23:00

OTHER NOTES

Daily Schedule

DAY + DATE: MONDAY

TO-DO LIST

01
02
03
04
05
06
07
08
09
10

SCHEDULE

07:00
08:00
09:00
10:00
11:00
12:00
13:00
14:00
15:00
16:00
17:00
18:00
19:00
20:00
21:00
22:00
23:00

OTHER NOTES

Daily Schedule

DAY + DATE: MONDAY

TO-DO LIST

01
02
03
04
05
06
07
08
09
10

SCHEDULE

07:00
08:00
09:00
10:00
11:00
12:00
13:00
14:00
15:00
16:00
17:00
18:00
19:00
20:00
21:00
22:00
23:00

OTHER NOTES

Daily Schedule

DAY + DATE: MONDAY

TO-DO LIST

01.
02.
03.
04.
05.
06.
07.
08.
09.
10.

SCHEDULE

07:00
08:00
09:00
10:00
11:00
12:00
13:00
14:00
15:00
16:00
17:00
18:00
19:00
20:00
21:00
22:00
23:00

OTHER NOTES

Daily Schedule

DAY + DATE: MONDAY

TO-DO LIST

01
02
03
04
05
06
07
08
09
10

SCHEDULE

07:00
08:00
09:00
10:00
11:00
12:00
13:00
14:00
15:00
16:00
17:00
18:00
19:00
20:00
21:00
22:00
23:00

OTHER NOTES

Daily Schedule

DAY + DATE: MONDAY

TO-DO LIST

01
02
03
04
05
06
07
08
09
10

SCHEDULE

07:00
08:00
09:00
10:00
11:00
12:00
13:00
14:00
15:00
16:00
17:00
18:00
19:00
20:00
21:00
22:00
23:00

OTHER NOTES

Daily Schedule

DAY + DATE: MONDAY

TO-DO LIST

01.
02.
03.
04.
05.
06.
07.
08.
09.
10.

SCHEDULE

07:00
08:00
09:00
10:00
11:00
12:00
13:00
14:00
15:00
16:00
17:00
18:00
19:00
20:00
21:00
22:00
23:00

OTHER NOTES

Daily Schedule

DAY + DATE: MONDAY

TO-DO LIST

01
02
03
04
05
06
07
08
09
10

SCHEDULE

07:00
08:00
09:00
10:00
11:00
12:00
13:00
14:00
15:00
16:00
17:00
18:00
19:00
20:00
21:00
22:00
23:00

OTHER NOTES

Daily Schedule

DAY + DATE: MONDAY

TO-DO LIST

01
02
03
04
05
06
07
08
09
10

SCHEDULE

07:00
08:00
09:00
10:00
11:00
12:00
13:00
14:00
15:00
16:00
17:00
18:00
19:00
20:00
21:00
22:00
23:00

OTHER NOTES

Daily Schedule

DAY + DATE: MONDAY

TO-DO LIST

01
02
03
04
05
06
07
08
09
10

SCHEDULE

07:00
08:00
09:00
10:00
11:00
12:00
13:00
14:00
15:00
16:00
17:00
18:00
19:00
20:00
21:00
22:00
23:00

OTHER NOTES

Daily Schedule

DAY + DATE: MONDAY

TO-DO LIST

01
02
03
04
05
06
07
08
09
10

SCHEDULE

07:00
08:00
09:00
10:00
11:00
12:00
13:00
14:00
15:00
16:00
17:00
18:00
19:00
20:00
21:00
22:00
23:00

OTHER NOTES

Daily Schedule

DAY + DATE: MONDAY

TO-DO LIST

01
02
03
04
05
06
07
08
09
10

SCHEDULE

07:00
08:00
09:00
10:00
11:00
12:00
13:00
14:00
15:00
16:00
17:00
18:00
19:00
20:00
21:00
22:00
23:00

OTHER NOTES

Daily Schedule

DAY + DATE: MONDAY

TO-DO LIST

01.
02.
03.
04.
05.
06.
07.
08.
09.
10.

SCHEDULE

07:00
08:00
09:00
10:00
11:00
12:00
13:00
14:00
15:00
16:00
17:00
18:00
19:00
20:00
21:00
22:00
23:00

OTHER NOTES

Daily Schedule

DAY + DATE: MONDAY

TO-DO LIST

01
02
03
04
05
06
07
08
09
10

SCHEDULE

07:00
08:00
09:00
10:00
11:00
12:00
13:00
14:00
15:00
16:00
17:00
18:00
19:00
20:00
21:00
22:00
23:00

OTHER NOTES

Daily Schedule

DAY + DATE: MONDAY

TO-DO LIST

01
02
03
04
05
06
07
08
09
10

SCHEDULE

07:00
08:00
09:00
10:00
11:00
12:00
13:00
14:00
15:00
16:00
17:00
18:00
19:00
20:00
21:00
22:00
23:00

OTHER NOTES

Daily Schedule

DAY + DATE: MONDAY

TO-DO LIST

01
02
03
04
05
06
07
08
09
10

SCHEDULE

07:00
08:00
09:00
10:00
11:00
12:00
13:00
14:00
15:00
16:00
17:00
18:00
19:00
20:00
21:00
22:00
23:00

OTHER NOTES

Daily Schedule

DAY + DATE: MONDAY

TO-DO LIST

01
02
03
04
05
06
07
08
09
10

SCHEDULE

07:00
08:00
09:00
10:00
11:00
12:00
13:00
14:00
15:00
16:00
17:00
18:00
19:00
20:00
21:00
22:00
23:00

OTHER NOTES

Notes

www.ingramcontent.com/pod-product-compliance
Lightning Source LLC
Chambersburg PA
CBHW081407080526
44589CB00016B/2492